Netflix
L'aliénation en série

Romain Blondeau

SeuilLibelle

ISBN 978-2-02-151320-2

www.seuil.com

Netflix L'aliénation en série

Romain Blondeau

Une file d'attente qui s'étire sur des dizaines de mètres, une foule chauffée à blanc, des smartphones dégainés, des cris et des rires mêlés, et puis d'un coup la confusion : ça se bagarre dans la queue. Des types se sautent dessus avec une violence inouïe et se cognent à l'aveugle, avant qu'une voiture de police ne vienne interrompre les festivités. Les agitateurs sont embarqués, tandis qu'un colosse de la sécurité invite les autres clients à rejoindre calmement la queue ; incident clos. Ce samedi 2 octobre 2021, le géant du streaming Netflix inaugurait dans le IIe arrondissement de Paris une salle de promotion éphémère dédiée à sa nouvelle série phénomène, *Squid Game*. Des jeunes – et des moins jeunes – avaient été conviés à revivre des scènes fortes du feuilleton coréen, dont les décors ont été reproduits à l'identique dans cette petite boutique parisienne. Manque de pot, et d'organisation, la grande fête a tourné au pugilat, et l'opération marketing s'est achevée par une impression de saccage.

On connaît bien ces scènes de foules enfiévrées aux abords d'espaces commerciaux. Ce sont celles des Black Fridays au lendemain de Thanksgiving, celles des mouvements de panique devant les Apple Store, bref des scènes ordinaires de la dévoration capitaliste et d'une jeunesse qui s'oublie un peu. Mais ces images d'hystérie provoquée par l'évènement *Squid Game* font plus mal que d'ordinaire. Elles font mal parce qu'elles se superposent à d'autres images, moins médiatisées : des salles de cinéma qui un peu partout dans le monde baissent le rideau. Aux États-Unis, on comptait 630 salles encore fermées à la fin de l'année, sans aucune garantie de réouverture. En Italie, on apprenait la fermeture définitive du Roxy, l'une des mythiques salles du centre de

Rome, qui venait s'ajouter aux 120 écrans déjà condamnés en un temps record. En France, les salles résistent mais elles se vident : la fréquentation de spectateurs a accusé une chute vertigineuse de 23 % comparée aux chiffres de 2019. L'origine du désastre est connue : c'est un minuscule virus à la contagiosité maximale qui aura fermé nos salles de cinéma et renvoyé les spectateurs à leurs écrans domestiques. La crise sanitaire n'a fait qu'accélérer un processus déjà bien entamé, mais le coup fut rude, brutal : en deux ans et autant de confinements, les services de streaming américains ont vu leur courbe d'abonné·e·s monter en flèche, au premier rang desquels Netflix, champion de la cour techno-libérale, qui enregistrait 200 millions de clients et 25 milliards de dollars de profits en 2020. En un claquement de doigts, la start-up américaine s'est imposée comme l'un des plus grands studios de l'époque, un média majoritaire dont les films ou séries sont l'objet de toutes les attentions. Chacun chez soi, contraints à l'enfermement, les cerveaux matraqués d'infos liées au virus, nous avons laissé Netflix entrer dans nos intimités de spectateurs, en modifier les usages, les heures, les passions. C'était plus qu'une opération industrielle pour le géant du streaming : une OPA sur les images et les imaginaires dont on n'a pas encore pris la pleine mesure.

Lutter contre la mer

Soyons juste : personne n'aurait pu prédire un tel phénomène. À l'origine, Netflix n'est qu'une énième émanation de la Silicon Valley, née en 1997 du cerveau de deux entrepreneurs, Marc Randolph et Reed Hastings. Le service se spécialise au départ dans la location et l'achat de DVD envoyés par voie postale, avant de faire sa mue dix ans plus tard en lançant une offre de streaming entièrement dématérialisée. Finis les vidéo-clubs et les DVD reçus au courrier : tout se joue désormais en ligne, sans intermédiaire, à la faveur d'une plateforme dotée d'un nouvel algorithme pour lequel vous n'aurez plus aucun secret. Le site bénéficie d'un catalogue de milliers de titres disponibles, et se lance bientôt dans la production de ses propres films et séries. C'est un succès immédiat aux États-Unis, qui se consolidera aux dépens de la vieille industrie des locations physiques, anéantie par cette nouvelle

concurrence – Blockbuster, le plus grand réseau de vidéo-clubs du pays, ferme 1 000 de ses succursales en 2011, avec 60 000 licenciements à la clé. C'est donc déjà crédité de 35 millions d'abonné·e·s américain·e·s et lesté d'un cadavre que Netflix débarque en Europe au début des années 2010, aux Pays-Bas, en Norvège, puis en Irlande.
Le 15 septembre 2014, le service s'installe officiellement chez nous. Reed Hastings a fait le voyage pour l'occasion, et se répand dans la presse en déclarations d'amour sur le système français et ses artistes. Le type est assez sympa, charmant, dynamique, plein de bonnes intentions : on lui donnerait nos codes d'accès sans confession. Deux semaines avant lui, le 26 août, les Français avaient fait la connaissance d'une autre personnalité jusqu'ici inconnue des radars : Emmanuel Macron, un jeune énarque nommé ministre de l'Économie, de l'Industrie et du Numérique. L'apparition quasi simultanée de ces deux adeptes de la culture start-up n'est pas qu'un accident du calendrier, mais l'expression d'un nouveau monde qui vient. Entre le patron de Netflix et le futur candidat à la présidentielle, un même profil se dessine en effet : ce sont deux libéraux modernistes, qui n'aiment rien tant que l'innovation et

l'entrepreneuriat ; deux disciples de l'économie numérique et du concept de « destruction créatrice », selon lequel un nouveau secteur d'activité vaudra toujours mieux que l'ancien. Uber mieux qu'un taxi.

Emmanuel Macron et Reed Hastings ont aussi un ami commun. Il s'appelle Didier Casas, et il a fait ses classes à l'ENA, avant de mener une brillante carrière dans les banques et d'accéder au poste de directeur général adjoint de Bouygues Telecom. En 2014, lorsque Netflix tente de s'installer sur le marché français, le géant du streaming se heurte à un obstacle qu'il n'avait pas anticipé : aucun opérateur ne souhaite s'y associer, et la plateforme américaine se retrouve sans canal de distribution. Free et Orange sont vent debout contre ce nouvel entrant, qui va menacer leurs propres offres de vidéos à la demande, et surtout ponctionner le réseau Internet français. Ils veulent négocier, et durement, des conditions de partenariats équitables avec la plateforme, qui va consommer une quantité considérable de bande passante. La situation semble bloquée, mais un opérateur finira par céder à Netflix et lui ouvrir les portes de la France, Bouygues Telecom, qui, par l'intermédiaire de Didier Casas, résumait ainsi sa position : « Essaie-t-on d'essuyer la marée avec une serpillière, de lutter contre la mer, ou bien de nouer des partenariats intelligents avec ces nouveaux géants du Net ? » Trois ans plus tard, Didier Casas suspendra ses activités chez Bouygues pour rejoindre le mouvement En Marche !

L'utopie *Sense8*

C'est dans ce climat politique, disons favorable, que Netflix installe sa plateforme en France, avec une offre de départ de 8 euros par mois. Reed Hastings l'a dit dans la presse, il veut séduire un tiers des Français d'ici cinq à dix ans[1]. L'homme est ambitieux. Et il ne va pas ménager ses efforts pour arriver à ses fins, en injectant des fortunes dans des campagnes marketing hyper-agressives – *Les Échos* parlent à l'époque d'un budget de communication de lancement compris entre 10 et 15 millions d'euros. De mémoire de journaliste, on n'avait jamais vu ça : la start-up déboule façon *Blitzkrieg* dans l'écosystème médiatique français et multiplie les achats d'espace dans la presse écrite, ajoutés aux campagnes digitales et à l'affichage de rue. Les journalistes sont invités par dizaines sur les tournages des séries maison, parfois à l'autre bout du monde, parfois pour une interview de cinq minutes avec un acteur. Une aberration totale, mais qui s'avère très vite payante : Netflix gratte 900 000 abonné·e·s pour sa première année et installe ses programmes dans les pages « critiques » des grands médias nationaux.

Lesquels grands médias sont au départ un peu embarrassés face à la plateforme, dont ils peinent à lire l'ambition éditoriale. Il faut dire que les premières productions Netflix sont les plus confuses, et en cela les plus stimulantes. Le studio n'a pas encore aiguisé son algorithme, il n'a pas encore défini son cœur de cible ni le profil type des spectateurs qu'il cherche à capter, et de ces tâtonnements vont naître ses séries les plus singulières. En trois ans, la marque investit massivement dans les nouvelles figures de la comédie américaine : Aziz Ansari (*Master of None*), Judd Apatow et Paul Rust (*Love*), Justin Simien (*Dear White People*) ou encore Raphael Bob-Waksberg (*BoJack Horseman*), avec lesquelles elle développe des séries d'auteur audacieuses, incisives, écrites en dehors de tout formatage. Elle se rapproche aussi de cinéastes confirmés, tel David Fincher (*House of Cards*), et parie sur des projets presque

expérimentaux, dont la fameuse série *The OA* de Brit Marling et Zal Batmanglij, un thriller de science-fiction intimiste, dont l'exigence d'écriture et la profondeur psychologique détonnaient dans l'ordinaire des séries télé.
Mais le grand coup de Netflix première période est venu d'un objet encore plus bizarre et radical, un manifeste *queer* diffusé en 2015 : *Sense8*. Le projet a été créé par les sœurs Wachowski, deux auteures parmi les plus intransigeantes du cinéma américain, popularisées par la franchise *Matrix* puis mises au ban d'Hollywood après l'échec de leur film *Speed Racer* – qui s'est depuis taillé une réputation de chef-d'œuvre futuriste. Isolées au sein de l'industrie, les sœurs Wachowski ont trouvé refuge auprès de la plateforme de streaming, qui leur a offert carte blanche pour réaliser ce rêve d'une science-fiction transgenre et métaphysique, dans lequel des personnages communiquent par télékinésie et dessinent la carte d'un monde sans frontières. Avec un budget de 9 millions de dollars par épisode, un tournage réparti entre plusieurs continents et une totale liberté d'écriture, *Sense8* est l'emblème de ce qu'aurait pu être Netflix : une alternative fluide et innovante aux vieux studios hollywoodiens en perte de vitesse.

Naissance d'un public cible

Tout bascule finalement en 2017. Cette année-là, Emmanuel Macron s'est installé à l'Élysée, au terme d'une campagne fulgurante, et Netflix a poursuivi son implantation sur le marché français, où il compte désormais 3,4 millions d'abonné·e·s, pour 117 millions dans le monde. Peu avant les fêtes de fin d'année, la plateforme a fait l'acquisition d'une petite série espagnole, créée par Álex Pina et déjà diffusée dans son pays d'origine, où elle s'est attiré des critiques mitigées : *La casa de papel*. C'est une série policière à la fois classique et conceptuelle, un récit de casse décliné en divers points de vue et unités de temps, dont on retient surtout la boursouflure narrative et le style publicitaire. Mise en ligne le 20 décembre sans réel plan marketing, la série provoque un raz-de-marée mondial. Dès ses premières semaines de diffusion, elle est vue 17 millions de fois en France. Elle représente 14 % du trafic total de la plateforme, et squatte pendant plus de 15 semaines la première place des programmes les plus vus par les abonné·e·s.

Au vertige des chiffres s'ajoute un autre triomphe. Avec *La casa de papel*, Netflix pénètre un nouveau marché de spectateur·rice·s, plus populaire, moins sériephile, et convertit son succès en phénomène pop culturel. Le monde entier se prend de passion pour El Profesor ; la série est samplée et parodiée dans toutes les langues ; les masques utilisés par les personnages lors des cambriolages, inspirés par Dalí, se vendent à la chaîne ; *Bella ciao*, le refrain qui scande sa BO, devient un tube joué dans tous les clubs. Netflix tient ainsi son premier évènement mondial, qui confirme son ascension observée au fil des années 2010 et lui permet de mieux cerner son public type. En France, une étude menée par le baromètre de l'offre et de la consommation SVOD NPA / Harris Interactive indique que les spectateurs de *La casa de papel* sont à 66 % des femmes, et que tous les âges sont représentés, avec une large part des 15-24 ans (41 %). La cible est bien en vue. Il ne reste plus qu'à tirer.

Le carton de *La casa de papel* infléchira pour les années suivantes la ligne éditoriale de Netflix. Mais il entérine aussi le succès de son modèle de diffusion. Lors de son passage initial en Espagne, la série était programmée au rythme d'un épisode d'une heure par semaine. Sur la plateforme de streaming, la première saison a été recalibrée, et 13 épisodes sont mis en ligne d'un seul bloc. C'est le fameux modèle « délinéarisé » que s'est choisi Netflix depuis sa création, qui marque une rupture franche avec les vieilles habitudes de consommation de séries télévisées. Finis les rendez-vous hebdomadaires et les grand-messes populaires du samedi soir, finie l'attente insoutenable d'un épisode à l'autre : sur la plateforme de streaming, tout est là, disponible immédiatement, des dizaines d'heures de fictions à portée de clic et de *binge watching*[2]. Au cœur de la Silicon Valley, quelques génies du marketing ont théorisé ce modèle délinéarisé en faveur du consommateur : ce serait un gain de liberté, le spectateur deviendrait maître du temps, il pourrait choisir de voir ses séries quand il le veut, au rythme qu'il veut.

Le spectateur passif

Cette liberté est évidemment un leurre. L'une des inventions les plus retorses de notre époque. Pour Reed Hastings, la télévision et son modèle linéaire sont obsolètes. Le temps passé à attendre d'un épisode à l'autre est un temps perdu. Un temps qui dévie le spectateur de la plateforme, qui le libère de ses programmes et l'autorise à penser ailleurs, à penser tout court. Lui, Reed Hastings, croit au contraire qu'il faut retenir le spectateur, saisir son regard, l'arrimer sans cesse à la plateforme – l'aliéner. Il reste en cela fidèle à la religion du capitalisme attentionnel, qui a fait de nos cerveaux « l'or gris » des temps modernes, une ressource dont il est possible de tirer profit *via* la revente de nos data ou le conditionnement à la publicité. La force de Netflix est d'avoir adapté cette nécessité économique en offre culturelle, en reproduisant avec son *binge watching* l'exact *business model* de la dématérialisation. Notre attention est un vaste marché, qui se convertit pour son service en gain de popularité, en abonnements et cotation boursière. Nous avons, planquée là, entre les heures de travail et celles consacrées à la famille, une quantité de temps disponible que cherchent à capter le patron de Netflix et ses coreligionnaires de Twitter ou Facebook. En marge d'une conférence de presse organisée en 2017 au siège de la plateforme, Reed Hastings avait résumé l'affaire par cette formule habile : « Notre seul concurrent dans cette industrie, c'est le sommeil. »

Il faut relire cette phrase pour en mesurer toute la monstruosité. Une entreprise californienne s'estime en concurrence avec notre sommeil. Notre temps diurne ne suffit plus : elle veut pénétrer nos nuits et nos inconscients. Dix ans avant, Patrick Le Lay avait déjà eu la même inspiration lorsqu'il avait évoqué le fameux « temps de cerveau disponible » mis à la disposition des publicitaires. La presse et l'opinion publique s'en étaient indignées. On avait jugé obscène l'expression froidement cynique du PDG de TF1, qui avait été sommé de s'expliquer à plusieurs reprises et fit machine arrière. Mais aujourd'hui, aucune voix ne s'élève contre l'attaque au sommeil de Reed Hastings, qui nous assigne plus violemment encore au statut de rats de laboratoire, captifs des groupes industriels. Les grands patrons de la Silicon Valley ont gagné : « L'économie de l'attention nous a transformés en agents de notre propre aliénation », écrivent Yves Marry et Florent Souillot, coauteurs de l'essai *La Guerre de l'attention*[3].

Qui n'a jamais fait l'expérience du *binge watching* ou vu des proches s'y abandonner ? Regarder un écran pendant des heures. Enchaîner frénétiquement les épisodes. Lutter contre le sommeil et l'ennui. Disparaître à soi et au monde. Sortir d'un tunnel d'images avec le sentiment qu'aucune ne nous aura percutés, que rien ne se sera déposé en nous. Juste une sensation de nausée. Un coup derrière la tête. Une amnésie de quelques heures. Le *binge watching* que favorise le modèle de diffusion délinéaire de Netflix est une expérience de la mort. Nous y cédons passivement, docilement, parce que ce tunnel abstrait tout le reste. Je ne pense plus à mon patron abusif au septième épisode de *The Witcher* ; je ne pense plus à mes impayés en cours devant la troisième saison de *The Crown* ; je ne crains plus la nuit et ma solitude puisqu'il me reste encore trois épisodes à voir d'*Emily in Paris*, elle-même seule dans un pays étranger. Je choisis de m'aliéner à Netflix car cette aliénation est la moins douloureuse, je crois.

Le *binge watching* participe de ce monde diminué et toujours plus domestiqué auquel rêve la Silicon Valley. Il nous assigne à résidence, nous cheville aux objets connectés et nous isole de tout ce qui pourrait faire communauté. Il nous prive aussi de nos pleines capacités de spectateurs, et c'est là son paradoxe. Avec le modèle de diffusion linéaire, celui des feuilletons télé programmés à un rythme hebdomadaire, nous étions des spectateurs agissants : d'un épisode à l'autre, nous prenions le temps de penser ce qui avait été vu, et d'imaginer ce qui allait être vu la semaine suivante. Nous laissions la fiction phosphorer en nous, nous stimulions nos intelligences pour devenir, à notre échelle, les auteurs d'une série en cours. Mais un spectateur qui pense est un mauvais consommateur pour les agents de l'économie numérique, qui ont donc substitué à l'ancien modèle celui du *binge watching* et son rythme infernal. Il n'y a plus rien à imaginer, aucun espace où se projeter : tous les épisodes sont disponibles en un clic.

Installez-vous confortablement.
Vous n'avez plus qu'à regarder passer le train.

Séries à la chaîne

Reste que Netflix ne s'est pas forcément rendu service avec ce modèle délinéaire. Pour maintenir ses rythmes de diffusion, et ne jamais relâcher l'attention de son audience, la plateforme s'est obligée à une cadence de production accélérée, en tout cas très largement supérieure à ses moyens techniques. Le monstre sécrète son propre venin. La start-up californienne est prise dans un engrenage mécanique. Elle doit produire davantage et plus vite : en 2018, elle annonce investir 8 milliards de dollars dans les contenus, puis 14 milliards en 2019, 17 milliards en 2021, et ainsi de suite. Pour financer ses nouveaux programmes, Netflix n'a pas d'autre moyen que de recourir à l'émission d'obligations, et contracte une dette qui s'élève à 20 milliards de dollars en 2017. En à peine une décennie, l'entreprise s'est retrouvée dans la même fragilité financière que des studios hollywoodiens quasi centenaires, elle s'est rendue esclave de la dette et des fluctuations du marché. Résultat : elle n'a pas eu d'autre choix que de repenser sa stratégie de production, pariant sur une meilleure gestion des coûts, et surtout des risques.

Dans ce contexte, la plateforme commence par évacuer ses mauvaises herbes. Elle annonce en 2017 l'abandon de *Sense8* des sœurs Wachowski, suivi deux ans plus tard par celui de *The OA*, de Brit Marling, deux séries jugées trop expérimentales et fragiles commercialement. Le geste est fort, sans ambiguïté possible : il dit que la récré est terminée, que Netflix resserre les boulons et privilégie désormais une ligne éditoriale plus consensuelle. Dans tous les pays où

elle s'installe, la start-up lance aussi des grandes campagnes de recrutement pour trouver ses nouveaux *commissioners*, les chefs de service qui piloteront les développements et la production des séries locales. Les profils sont à peu près toujours les mêmes : ce sont des quadras « dynamiques », « proactifs », « flexibles[4] », et passés par les majors de leurs pays respectifs, où ils auront appris à produire *ce qui marche*. Traduction : ce que les calculs d'audiences de la plateforme leur diront de faire. Car, à Netflix plus que nulle part ailleurs, ce sont les chiffres qui décident de la ligne éditoriale.
Il n'y a pas de goûts particuliers ou d'identité qui président au choix des séries que le studio finance, mais un ensemble de données statistiques scrutées chaque mois par les actionnaires. Lorsque la plateforme fait l'acquisition d'un projet de série auprès d'un auteur ou d'un producteur indépendant (sur la base d'un document d'une dizaine de pages, constitué d'arches narratives, de fiches personnages et de note d'intention), elle vérifie avant tout sa compatibilité avec ses succès antérieurs. Elle se condamne de fait à dupliquer des formules standards, telles que la science-fiction adolescente sous influence années 1980 (*Stranger Things*, *The Unlisted*, *Creeped Out*), le récit de casse, la

fantasy médiévale ou la parodie de comédie romantique. Les projets s'écrivent et se packagent ainsi à la chaîne, selon des process rationalisés, dans la seule perspective de satisfaire un besoin majoritaire, lequel besoin changera au fil des années. La start-up n'a évidemment pas inventé ce modèle économique. Hollywood est depuis sa création passé maître dans l'art de la reproduction du même, des franchises, remakes et spin-off qui épuisent des recettes validées par le box-office. Mais les vieux studios, classiquement capitalistes, ont toujours ménagé une place au risque, à l'innovation : ils savent que leurs profits passent aussi par la conception de prototypes inédits, et l'ouverture de nouveaux marchés. Netflix a dépassé ce stade : son moteur est plus nihiliste, moins durable ; il avance en flux tendu, les yeux rivés sur les cours de ses actifs financiers – « Mangeons et buvons, car demain nous mourrons ».

C'est aux filiales de chaque pays qu'il revient alors d'évaluer ce qui, par territoire, fera recette. En France, ils sont une soixantaine d'employé·e·s réparti·e·s entre les services développement, juridique et marketing, et bénéficiant d'un budget estimé à 160 millions d'euros en 2022. Ils ont pour mission de choisir les projets, distribuer les investissements, examiner les coûts, contrôler les dates de livraison des épisodes, et superviser leur écriture. Netflix a fait de ce dernier point sa religion. La plateforme ne croit pas au mythe du studio bienfaiteur, qui laisserait libre cours aux visions d'un auteur. Elle pense au contraire que les séries relèvent d'un ensemble de conventions et de règles qui lui précèdent, et dont chaque écriture doit respecter les codes. Tout ceci est résumé dans un document interne, une bible de 69 pages destinée aux scénaristes et aux employé·e·s de la marque, intitulée « Creator Workshop EMEA[5] ». La plateforme y décline ses critères essentiels pour écrire une bonne série, en mettant l'accent sur la caractérisation des personnages et la gestion de l'intrigue. « Le public décide inconsciemment s'il va regarder une série dans les cinq premières secondes », peut-on ainsi lire en introduction du document. Mais encore : « Toutes les scènes doivent faire évoluer l'arc émotionnel de la série, les spectateurs veulent de nouvelles informations à chaque instant. » « Rien n'est plus important que le héros. Le public ne s'attache pas aux intrigues, il s'attache aux personnages. » La culture américaine du *script writing* a toujours été propice à ce genre

d'assertions absurdes, qui résument l'acte d'écrire à une gestion d'algorithmes et néglige tout ce qui fait l'identité d'un auteur : ses ratures, impensés, digressions et connexions inconscientes. Mais, avec Netflix, le système atteint un degré de formatage jusqu'ici inédit.
De fait, toutes les séries maison semblent être passées par ce filtre, moulées dans les mêmes standards d'écriture et de conception – avec plus ou moins d'inspiration. Qu'elles me racontent la vie d'Élisabeth II, les histoires d'amour d'une fratrie à l'époque de la Régence anglaise, la quête d'une jeune femme addict pour devenir la meilleure joueuse d'échecs du monde, la vie d'une petite communauté insulaire assiégée par le diable, ou les aventures d'une bande de kids de l'Indiana confrontés à des phénomènes paranormaux, Netflix me parle systématiquement dans la même langue. Il est troublant de constater l'automatisation à l'œuvre dans les séries de la plateforme : cette manière, toujours, de faire avancer une intrigue à coups de scènes purement informatives, de rendre visible le moindre de ses enjeux, de faire la chasse à tous les vides, les points aveugles qui menacent ses récits hypertrophiés. Leurs séries sont parfois habiles, elles

ont une science du romanesque, mais je n'en tire aucun vertige. Ce sont des rébus, dont les modalités diffèrent (tour à tour psychologiques, policières, amoureuses), mais dont la finalité est toujours la même : boucler une histoire. Conclure. Je ne sors jamais d'une série Netflix avec des questions ; seulement avec des réponses. Elles ne m'invitent jamais à dépasser ce que je vois. Elles ne font rien agir en moi. Elles ne stimulent que mon désir inquiet d'apprendre la suite d'un programme dont je connais déjà l'issue, le désir de me conforter dans mes croyances.

Leur horizon est mon confort.

Une forme pour une économie

Et il n'y a pas que les récits qui semblent frappés d'homogénéité chez Netflix. L'industrialisation de ses contenus s'est aussi répercutée sur la mise en scène, qui correspond toujours à peu près aux mêmes dispositifs. De la Thaïlande des années 1970 (*Le Serpent*) à l'Inde contemporaine (*Le Seigneur de Bombay*), de la communauté juive berlinoise (*Unorthodox*) aux ruelles de Paris (*Drôle*), toutes les séries Netflix sont taillées dans la même étoffe : elles dessinent un projet esthétique commun, avec ses règles, ses codes, au premier rang desquels se trouve la vitesse. Une série Netflix est une série qui va vite. Son découpage est millimétré en champs, contrechamps et plans de coupe utilitaires. Son cadrage est un système (caméra fixe, épaule) dont elle ne dévie pas, sauf pour s'autoriser un plan de grue ou de drone. Ses plans n'excèdent jamais 30, 40 secondes, souvent moins. Son montage avance en coupes sèches et tranchantes. Une série Netflix ne filme rien d'autre que du texte, un scénario qui se déplie. Elle procède par informations illustrées, et sacrifie à son obsession narrative tout ce qui fait la nature du cinéma : la durée, le présent, le toucher, l'invisible, le surgissement accidentel du réel dans un plan.

Netflix a inventé une forme au service d'une économie. La vitesse est son outil pour nous enchaîner à ses images, saisir notre attention et ne plus la relâcher. Nous sommes pris dans un vortex, un fluide en écoulement perpétuel. Un plan glisse sur l'autre sans que notre œil hypersollicité ne puisse distinguer des formes, appréhender des corps. C'est l'art parfait du capitalisme attentionnel : une forme mutante, qui hybride le

cinéma, la télévision, la publicité et les vidéos de flux Internet dans un grand continuum d'images planes. Je n'ai rien à voir puisque rien n'est filmé. Je dois simplement enregistrer une info et passer à la suivante. Peu m'importe d'ailleurs qui a mis en scène ces épisodes : Netflix n'est pas connu pour soigner les réalisateurs de ses séries, qu'elle évacue en fin de générique et invisibilise au moment de la promotion. Les cinéastes sont pour la plateforme de simples exécutants, dépossédés de leurs images une fois le tournage achevé. Lesquelles images sont ensuite prises en main par des monteurs, chargés à leur tour de couper et accélérer le tempo des plans.
Dans son obsession de la vitesse, la plateforme a même innové en août 2020 avec un service inédit qui lui a valu l'une de ses plus grandes controverses. Après plusieurs mois de tests, Netflix lançait une option permettant aux spectateurs de modifier la vitesse de lecture de leurs séries ou films, allant de 0,5 x à 1,5 x. Il y avait un argument charitable derrière cette nouvelle manœuvre (permettre à un public sourd et malentendant de choisir le rythme de leurs contenus pour mieux en lire les sous-titres) mais personne n'a été dupe. Netflix poursuivait ici sa quête de

l'attention, et favorisait la nouvelle pratique à la mode du *speed watching*, qui consiste, pour chasser l'ennui, à regarder sa série en accéléré. Des cinéastes se sont manifestés dans tous les pays pour contester cette nouvelle fonctionnalité qui allait défigurer leurs œuvres. Ils ont menacé de cesser de travailler avec la start-up. Mais Netflix n'a pas cédé et aujourd'hui, quelque part dans le monde, un spectateur regarde *Sex Education* en version accélérée.
On sait déjà quelles conséquences ces nouvelles technologies auront sur nos cerveaux, de quel déclin cognitif elles seront responsables. Depuis plusieurs années, les études scientifiques se multiplient pour dire les dangers du capitalisme attentionnel, et de ses assauts permanents sur nos vies : atteinte au sommeil[6], à la mémoire[7], au langage[8], à la libido[9], anxiété[10], état dépressif[11]. Mais, ce que l'on sait moins, c'est l'effet qu'auront ces nouveaux médias sur notre regard, sur nos capacités de spectateurs, quel type de cinéphiles ils finiront par produire. Pourrons-nous encore faire l'expérience d'une durée dans un film ou une série ? Supporter d'un plan qu'il excède 30 secondes ? Accepter d'une scène qu'elle n'ait pas de fonction propre ou de

discours lisible ? Tous les cinémas survivront-ils à la culture Netflix ?

Fictions en même temps

Aux États-Unis, ces questions esthétiques ne soulèvent aucun débat. Ce qui obsède la presse, depuis le lancement de la plateforme, c'est plutôt de comprendre d'où elle parle, de quelle idéologie elle se fait le véhicule. Et personne n'y voit très clair. Pour la droite conservatrice, la plateforme serait l'agent combatif du « wokisme », un média à la pointe de l'« hystérie » militante contemporaine, tandis que la gauche radicale y voit parfois un studio réactionnaire, à la traîne des nouveaux enjeux d'égalité. Une chose est sûre, c'est que Netflix s'est très vite positionnée comme un lieu sensible aux questions de visibilité des minorités. La plateforme frappe un grand coup dès sa première production, *Orange Is the New Black*, qui, avec ses héroïnes lesbiennes, racisées et trans, vient réinventer le vieux modèle viriliste des séries carcérales. La suite de l'histoire confirmera cette pente inclusive chez le studio, qui embrasse tous les enjeux clés de l'époque : handicap (*Atypical*),

mouvements LGBT (*Please Like Me*), discriminations raciales et violences policières (*When They See Us*). Netflix est partout là où les vieux studios n'allaient pas, elle investit les sujets désertés par Hollywood et participe à un renouvellement profond des représentations, qui lui vaut l'attachement d'un public de *millennials* concerné·e·s[12]. La stratégie est évidemment commerciale pour la plateforme, qui convoite un immense marché sans concurrence, mais elle fait de Netflix un allié objectif des nouvelles luttes égalitaires.
Et ensuite ? À quoi pense réellement la start-up derrière cette opération d'image, certes vertueuse ? Quel est son vrai moteur politique ? De quel bois se chauffe son algorithme ? La réponse n'est pas si claire, tant les signaux envoyés par son catalogue sont contradictoires. En creusant dans ses films et séries, on s'aperçoit assez vite qu'aucune croyance politique ne structure Netflix, et que cette confusion est précisément son programme. Le patron du studio, Reed Hastings, pour lequel la seule religion valable est le marché, est un fervent partisan de l'esprit « en même temps ». Je produis un film américain qui dénonce les brutalités policières (*Seven Seconds*) *en même temps* que je finance une série philippine violemment

réactionnaire, qui exalte la guerre contre la drogue du fasciste Rodrigo Duterte (*Amo*). Je produis une série coréenne anticapitaliste (*Squid Game*) *en même temps* qu'un show sur l'immobilier de luxe en France, dans lequel je brosse le portrait élogieux d'une famille d'expropriateurs (*L'Agence*). Je diffuse une mini-série sur le poids des violences sexuelles (*Unbelievable*) *en même temps* qu'un film polonais qui fait l'apologie de la culture du viol (*365 Jours*). Je prétends défendre les auteurs en achetant de grandes signatures pour les Oscars (*The Irishman* de Martin Scorsese) *en même temps* que je mène une fronde brutale sur le droit d'auteur dans tous les pays où je m'installe. Netflix vogue ainsi dans son monde sans ancrage ni conviction, un monde plastique dans lequel les idées se confondent autant que les images.

Le studio ne pense rien puisque penser est une activité nécessairement sectorielle, qui lui vaudrait de perdre des parts de marché. Il est le média symptôme d'une époque qui a stigmatisé les clivages politiques et fait du commerce sa seule boussole. Une époque confusionniste, qui est la grande victoire idéologique des néo-libéraux, et dont les effets s'observent bien au-delà des seules entreprises privées de la Silicon Valley. Voyez les macronistes : ils peuvent bien faire réélire leur leader en avril à la faveur d'un front républicain tout en ouvrant les législatives à l'extrême droite en juin ; faire applaudir le personnel soignant et supprimer 5 700 lits d'hôpitaux en pleine crise sanitaire ; pleurer le désastre écologique et ratifier le traité de libre-échange CETA avec le Canada, qui aura pour conséquence d'augmenter les émissions de gaz à effet de serre ; chanter le progrès social et conditionner le RSA à un minimum d'activité. Leur logiciel est déréglé. Les idées n'y ont aucune matérialité ni conséquence. Elles flottent dans l'air, s'additionnent, se soustraient, s'annulent. Peu importe où ça pense, tant que ça fait recette.

Nos complicités

Nous avons plongé dans Netflix. En France, un quinquennat aura suffi à installer la plateforme dans nos habitudes de spectateurs. Nous avons cherché des excuses pour justifier cette voracité. Nous avons dit que le cinéma était trop cher, en dépit des multiples cartes d'abonnement et réductions mises en place par les groupes d'exploitants. Nous avons évoqué la difficulté pour certains territoires isolés d'accéder à des salles de cinéma, mais c'était là aussi négliger que d'autres offres de streaming existent, telles que La Cinetek, My Canal, Mubi, qui donnent accès à des milliers de films éditorialisés. Netflix est donc un choix, qui nous a fait sacrifier nos vieilles habitudes de spectateurs au profit d'un confort standardisé. Même avant la crise sanitaire, nous avions choisi ce média pour accompagner nos vies digitales, au même titre qu'Amazon pour les achats, Uber pour les transports, Deliveroo pour les repas, Cajoo pour les courses, Shein pour les fringues, Kliner pour le ménage et Tinder pour la drague. Netflix est le fournisseur officiel d'images de la *start-up nation* : c'est le média que nous avons élu pour nos vies immatérielles et domestiquées, dans lesquelles rien ne doit entraver nos désirs, tout doit être disponible à portée de clic. « La série est ergonomiquement conçue pour s'insérer dans la continuité du quotidien liquide de l'individu libéral métropolitain », résumait ainsi l'essayiste François Bégaudeau dans un court texte du recueil *Le Nouveau Monde*[13]. Nous avions une longue histoire avec le cinéma, un goût commun

pour la salle, des souvenirs, mais ils ne pèsent rien face aux puissances de séduction de l'économie numérique.
L'industrie du cinéma n'a pas opposé beaucoup plus de résistance à la plateforme. En France comme partout dans le monde, l'arrivée de Netflix et de ses milliards de dollars de capacité de financement a créé un appel d'air, dans lequel se sont engouffrés tous les professionnel·le·s, acteurs·rices, producteurs·rices, technicien·ne·s. Il ne se passe pas une semaine sans qu'une nouvelle société de production apparaisse sur le marché, tandis que des *serial entrepreneurs* se jettent avidement sur ce nouvel eldorado, à l'image du trio Xavier Niel, Matthieu Pigasse et Pierre-Antoine Capton, réunis dès 2015 dans le groupe audiovisuel Mediawan pour prendre d'assaut le streaming – ils comptent aujourd'hui près de 50 labels de production. L'industrie mute à grande vitesse, et même son vocabulaire a changé : on ne parle plus de scénarios, de projets, mais de *flux* et de *contenus* destinés à alimenter les plateformes. Cet exode vers le streaming peut s'entendre : les sources de financement traditionnelles se sont taries, et les salaires pratiqués par Netflix sont deux à

trois fois supérieurs à ceux du cinéma. Mais il s'accompagne aussi d'un changement de paradigme inquiétant. En quelques années, les guichets de financement d'un film se sont convertis à leur tour aux codes de la série. Des scénaristes de télévision sont apparu·e·s dans les comités qui attribuent des subventions publiques aux projets de longs-métrages, tels que les fonds régionaux, et l'on s'est mis à exiger des films la même efficacité narrative que les séries. Le streaming a infusé dans nos manières de penser et de fabriquer le cinéma, lui-même paniqué par sa propre mortalité.

Il ne restait plus que l'État pour intervenir, et tenter d'endiguer la vague Netflix. Nous avions des outils pour ça : la France est un pays historiquement protectionniste en termes de politique culturelle, et son modèle de financement du cinéma nous est envié partout dans le monde. Il repose depuis 1946 sur une équation élémentaire, une taxe prélevée sur chaque ticket, par la suite reversée à la création. La menace liée à l'arrivée de Netflix était simple à anticiper : en détournant des spectateurs de la salle, au profit de ses abonnements, la plateforme allait automatiquement affecter les revenus redistribués au cinéma français. Il n'y aurait pas de cohabitation pacifique possible entre les deux médias. Certains membres du gouvernement Manuel Valls avaient pressenti ce danger l'année précédant l'installation de Netflix. À la Culture, Aurélie Filippetti avait initié une fronde pour contraindre la start-up à prendre part au financement du cinéma français, tandis qu'Arnaud Montebourg, alors ministre de l'Économie, avait missionné l'opérateur Orange pour préparer une alternative *made in France* à la plateforme.

Mais Bercy a changé de locataire. Emmanuel Macron a repris le poste avec une nouvelle philosophie, moins régulatrice. Pour le futur président, formé par l'économiste Philippe Aghion à l'école des fans de la destruction créatrice, l'irruption d'un nouveau champ industriel est une opportunité, peu importent les conséquences. Il le dit dès 2015 sur scène à Bercy, face à tous les cadors de la France des start-up auxquels il présente son projet de loi Noé[14]. Au cœur du conflit qui opposait les taxis aux Uber, il prend parti pour les seconds et milite en faveur d'une révolution numérique totale : « La bataille culturelle c'est de ne pas se voiler la face, et de ne pas dire "on va empêcher le changement". Il faut au contraire faciliter l'émergence de ces nouveaux modes, de ces nouvelles technologies, de ces disruptions [...]. Les bloquer, ce serait juste protéger un peu plus longtemps les acteurs existants, mais, dans cette nouvelle économie, les consommateurs choisissent. » Les distributeurs de films et les exploitants de salles peuvent bien alerter sur les dangers qui les menacent, il ne voit donc pas de raison de lever les boucliers face à Netflix, puisque « les consommateurs choisissent », et qu'au fond le studio incarne tout ce qui fait vibrer sa politique : la modernité, le changement, l'innovation au service d'un monde connecté. Sa conviction intime était plutôt de *laisser faire* la plateforme, tout en s'assurant qu'elle respecte un minimum de dispositions liées à l'écosystème français. Pendant cinq ans, l'État s'est ainsi englué dans une négociation interminable avec le studio, lui laissant tout le temps d'étendre sa toile. Une crise sanitaire et 10 millions d'abonné·e·s plus tard, un décret a finalement été voté, qui oblige la start-up à consacrer 20 % de son chiffre d'affaires à la création française, en échange de quoi elle a obtenu une réforme de la « chronologie des médias », lui permettant de diffuser des films quinze mois après leur sortie en salles. Netflix a fini par céder une bataille. Sa guerre d'influence était déjà remportée.

La salle et nous

Personne ne sait aujourd'hui si les salles de cinéma se relèveront de la crise sanitaire. Les indicateurs n'invitent pas à l'optimisme. Aux États-Unis, les chiffres du box-office de 2021 accusent une baisse de 61 % en comparaison avec ceux de 2019. En France, la fréquentation suit la même courbe et les groupes d'exploitants enregistrent des résiliations massives de leurs cartes d'abonnement. Au même moment, Netflix poursuit sa conquête de notre temps d'écran. La plateforme a certes connu quelques secousses récentes, avec une perte de 200 000 abonné·e·s au premier trimestre 2022, mais elle étudie déjà une alternative à sa baisse de régime : une ouverture à la publicité, qui lui offrirait des sources de financement majeures. Elle a aussi trouvé un nouveau système statistique afin d'évaluer le succès de ses programmes, qui consiste à quantifier le nombre d'heures que les abonné·e·s leur ont consacrées.

Squid Game aurait ainsi été visionné pendant plus de 2,1 milliards d'heures dans le monde, soit 240 000 ans, tandis que la dernière saison de *Stranger Things* plafonne à 781 millions d'heures. Le choix de cette mesure statistique n'est évidemment pas innocent. En affichant ces chiffres vertigineux, Netflix nous dit : voilà ce que je fais de votre temps d'humanité, voilà quelle emprise j'ai gagnée sur vos vies. Et la plateforme n'a pas l'intention de desserrer son étau. Elle s'est lancée dans l'industrie du jeu vidéo et trouvera chaque année un nouveau moyen de capter nos attentions, à la faveur de séries phénomènes ou d'innovations technologiques. Elle poursuivra son entreprise de formatage des récits et des images, sauf à ce que nous décidions, collectivement, que ce monde-là n'est plus supportable.

Le réveil ne se fera pas sans un engagement des pouvoirs publics, qui auront pour premier défi de préserver le système de financement du cinéma français. Depuis plusieurs mois, un mélange des genres inquiétant s'observe dans nos institutions, de plus en plus poreuses aux nouveaux acteurs de l'économie numérique. Au Centre national du cinéma et de l'image animée (CNC), dont la présidence est exercée par Dominique Boutonnat, ancien grand donateur d'Emmanuel Macron, une mesure lancée cette année a suscité l'incompréhension des professionnels : le Fonds sélectif plateforme (FSP), une subvention dédiée aux films et séries destinés au streaming. Lancé à titre expérimental, ce nouveau dispositif de financement aura ainsi permis à Netflix d'obtenir une aide de 880 000 euros pour sa prochaine série d'animation française, *Xilo*. On résume : une entreprise de la Silicon Valley, dont le chiffre d'affaires s'élève à 31 milliards de dollars, et qui s'adonne à l'optimisation fiscale[15], a donc bénéficié d'une subvention attribuée par l'institution publique en charge du cinéma français, subvention qu'aucune logique ne justifiait. C'est David qui fait la courte échelle à Goliath : un contresens historique des missions redistributives du CNC.

Une fois abandonnées ce genre de dérives institutionnelles, l'autre défi des pouvoirs publics sera plus symbolique, et consistera à rendre le cinéma à nouveau désirable.

Ils pourraient commencer par lancer des campagnes de communication nationale pour sensibiliser les spectateurs à la nécessité de la salle, ou encore renforcer leur politique pédagogique. En milieu scolaire, des dispositifs d'éducation à l'image existent déjà, qui mériteraient d'être déployés et, surtout, renouvelés : sortir de la culture patrimoniale, de l'histoire officielle et des vieilles hiérarchies inhibantes, pour privilégier un enseignement plus horizontal, démocratique, ouvert à un nouveau corpus de films étudiés. Ils pourraient aussi sanctuariser certains écrans dans des déserts culturels, lutter contre la spéculation immobilière qui menace les salles, et valoriser l'idée de cinémas associatifs, gérés par des spectateurs eux-mêmes. Un autre modèle reste à penser, un modèle libéré des logiques de rentabilité immédiate, et dont la finalité serait de réaffirmer cette chose simple : le lieu de projection d'un film est avant tout la salle, et la salle est notre bien commun. Mais l'effort sera aussi individuel : c'est en nous-mêmes que nous devons retrouver le désir du grand écran.

Il faudra pour cela nous souvenir de ce qu'est le cinéma, et de ce dont il est capable. C'est à partir d'un même sentiment de perte que le philosophe américain Stanley Cavell a écrit en 1971 son célèbre texte *La Projection du monde*. À cette époque, les studios hollywoodiens traversaient l'une des plus graves crises de leur histoire. Ils souffraient de la concurrence de la télévision, qui s'était imposée dans tous les foyers au cours de la décennie précédente, vidant les salles d'une grande partie de leur public et obligeant les majors à produire des films de consommation courante. Stanley Cavell pensait alors que le cinéma était arrivé à son terme. Il ne retrouvait plus le pouvoir de fascination que les films avaient exercé sur lui plus jeune. Sa solution, pour échapper à cette fatalité, fut de retourner aux origines de son amour pour le cinéma, de se souvenir des films qui l'avaient accompagné au cours de sa vie. Il en tira cette conclusion : le cinéma est un acte signifiant, qui a ce pouvoir paradoxal de nous absenter du monde tout en nous le rendant plus vivable. La salle est un refuge et un réflecteur. Nous y allons pour échapper au présent et tenter de mieux l'habiter enfin. Il arrive même que certains films nous rendent meilleurs.

Nous pourrions alors tous faire le même exercice que Stanley Cavell : revenir aux films qui ont scandé nos existences. Aller chercher dans nos passés les expériences qui nous ont fait chérir la salle de cinéma comme lieu de découverte d'un film. Retrouver les dates. Nous souvenir des enchantements de l'enfance dans nos premières expériences de projection. Revivre les désirs et les colères de jeunesse. Repenser aux passions et aux peines de l'âge adulte, bref à tout ce que nous avons déposé à divers âges de nos vies dans ces salles obscures, face à l'écran. C'est là, dans nos biographies cinéphiles, que nous trouverons les raisons de retourner en salle, dans ces séances qui continuent à agir en nous, à exercer leur pouvoir d'hypnose et de transformation. Mais, pour retrouver le chemin des salles, nous pourrions aussi plus simplement nous inspirer des adolescents. Ils sont à chaque crise les meilleurs soldats de l'industrie.

Dans les années 1950-1960, lorsque toute la classe moyenne américaine délaisse les salles et ne pense qu'à s'équiper en téléviseurs et frigidaires, ce sont les ados qui se ruent au cinéma pour voir James Dean et les autres héros de la *youth culture*. Depuis la réouverture des cinémas et la fin des mesures sanitaires, ce sont elleux, encore, qui grossissent les rangs des spectateur·rice·s, alors que le public plus âgé du circuit art et essai tarde à revenir. On a vu des jeunes se presser par centaines de milliers aux avant-premières de *Spider-Man : No Way Home* ou du dernier volet de la franchise *Batman*. Ils viennent dans les salles en bande, parfois fringué·e·s comme leur héros, et redonnent au lieu cinéma toute sa dimension sociale, festive et tribale. Le 13 mars 2022, une image symbolique a fait le tour des réseaux sociaux. Ce soir-là, le fameux cinéma Le Grand Rex à Paris organisait une projection du manga animé *Jujutsu Kaisen 0*, très populaire auprès des ados. Dans la salle, au cours de la séance, des jeunes types se sont levés en hurlant pour célébrer l'apparition de leur héros à l'écran. Ils étaient beaux, en transe, comme possédés par le film, revenus à l'état de spectateurs primitifs découvrant la lanterne magique. Des voix se sont élevées pour dénoncer ces images de « chaos collectif ». Les propriétaires du cinéma ont publié le lendemain un communiqué pour condamner des « débordements » de jeunesse. Ils ont vu dans ces manifestations de joie des « incivilités ». Ils se sont trompés : ces jeunes ados survoltés face à l'écran sont leur survie.

Notes

1 « Netflix vise un tiers des foyers français "d'ici cinq à dix ans" », *Les Échos*, 1er septembre 2014.

2 Dans une enquête menée par Netflix en décembre 2013 et prophétiquement intitulée « Netflix déclare que le *binge watching* est la nouvelle norme », 73 % des personnes définissent cette pratique par le fait de « regarder entre deux et six épisodes de la même émission de télévision en une seule séance ». Le *binge watching* fut aussi favorisé par une innovation technique spécifique à Netflix : la plateforme a mis en place dans les paramètres par défaut des comptes clients un enchaînement automatique des épisodes, appelé « Postplay », qui s'ajoutait à la disponibilité immédiate de toute une saison.

3 Yves Marry et Florent Souillot, *La Guerre de l'attention. Comment ne pas la perdre*, Paris, L'Échappée, 2022.

4 Par exemple, cette annonce pour un poste de manager publiée en juin 2022 par Netflix en Indonésie. Il est demandé plus de dix années d'expérience en production dans des majors. « *A successful candidate will have a strong sense of narrative structure, a regional sensibility, and the ability to guide a project from pitch/idea through to delivery. They will be self-motivated, proactive, quick-thinking, flexible, able to pivot when necessary, thorough, and able to juggle multiple and diverse responsibilities across projects at varying stages from development through to delivery. At all times unwavering attention to creative detail. S/he will have excellent problem-solving skills, with the ability to think about the best solution in the best interest of the company as they arise. This is a demanding and fast-moving position that requires someone who is a proactive and positive thinker is able to exercise sensitivity, good judgment, and initiative while working with a high volume production slate and a diverse range of creative/production partners.* »

5 « EMEA » pour « Europe Middle East & Africa », l'Europe, le Moyen-Orient et l'Afrique. On peut censément supposer qu'un tel document existe pour les zones AMER (Amériques) et APAC (Asie et Pacifique).

6 Une étude menée en 2017 sur 420 jeunes adultes (L. Exelmans et J. Van den Bulck, « Binge Viewing, Sleep, and the Role of Pre-Sleep Arousal », *Journal of Clinical Sleep Medicine*, vol. 13, n° 8, p. 1001-1008),

par des chercheurs des universités du Michigan (États-Unis) et de Louvain (Belgique), démontre que la pratique du *binge watching*, et l'excitation cognitive – ou « alerte mentale » – qu'elle produit chez les spectateurs ont pour effet de retarder leur sommeil et d'en altérer la qualité. L'étude insiste également sur les effets associés à cette privation de sommeil : troubles de la mémoire et de l'apprentissage, obésité, hypertension, maladies cardiovasculaires.
L'université de Toledo (Ohio) ajoutait, dans une étude menée en 2015, que la pratique du *binge watching*, et l'isolement social qu'elle produit nécessairement, pouvaient favoriser chez les spectateurs un sentiment de solitude et des comportements dépressifs. Enfin, une autre étude, menée par l'Académie internationale de recherche sur la sexualité (IASR), attribuait la chute de l'activité sexuelle des Américains en partie à l'émergence du streaming. La prolifération des offres de divertissement domestique et la hausse considérable du temps d'écran participeraient, selon les chercheurs, à la chute du taux de fécondité aux États-Unis, qui était en 2017 de 1,75 enfant par femme en moyenne, soit son plus bas niveau depuis plus de trente ans.

7 Sean Coughlan, « Digital Dependence "Eroding Human Memory" », BBC News, 7 octobre 2015.

8 D. Fancourt et A. Steptoe, « Television Viewing and Cognitive Decline in Older Age : Findings from the English Longitudinal Study of Ageing », *Scientific Reports*, vol. 9, n° 2851, 2019.

9 Shalini Ramachandran, « Let's Watch Netflix : Three Words Guaranteed to Kill a Romantic Mood », *Wall Street Journal*, 21 avril 2019.

10 J.J. Sun et Y.J. Chang, « Associations of Problematic Binge-Watching with Depression, Social Interaction Anxiety, and Loneliness », *International Journal of Environmental Research and Public Health*, 28 janvier 2021, vol. 18, n° 3, p. 1168.

11 *Ibid.*

12 Dans son essai publié en 2019 chez Flammarion, *Nos vies en séries*, la philosophe Sandra Laugier avance l'hypothèse selon laquelle les séries ont produit une « nouvelle conversation démocratique » dans nos sociétés. Celle-ci serait fondée notamment sur un bouleversement des modes de représentation et sur l'attachement que les spectateurs ont pour des personnages de fictions (le *care*), qui dépasse le simple stade de l'identification. Sandra Laugier repart aussi des travaux de Stanley Cavell, qu'elle applique aux séries en négligeant un aspect essentiel de la pensée du philosophe américain : celle-ci est profondément articulée au cinéma comme lieu de projection des films.

13 François Bégaudeau, « L'empire du faux », *in* Antony Burlaud, Allan Popelard et Grégory Rzepski (dir.), *Le Nouveau Monde. Tableau de la France néo-libérale*, Paris, Éd. Amsterdam, 2021, p. 157-164.

14 Le 9 novembre 2015, Emmanuel Macron, alors ministre de l'Économie, de l'Industrie et du Numérique, présente à Bercy un nouveau projet de loi destiné à saisir les « Nouvelles opportunités économiques » (Noé). Face à l'émergence de nouveaux acteurs de la révolution numérique, exemplairement l'application Uber, il veut réorienter les financements vers les entreprises innovantes, créer des dispositifs de soutien aux start-up technologiques, adapter la fiscalité, faciliter le travail indépendant et généraliser le statut d'autoentrepreneur. Selon une enquête du *Monde* et de ses partenaires du Consortium international des journalistes d'investigation (ICIJ) parue en juillet 2022, Emmanuel Macron ou ses conseillers auraient même eu de nombreux échanges significatifs avec les équipes d'Uber dans les dix-huit mois ayant suivi son arrivée à Bercy, afin de faciliter l'implantation de la plateforme en France. En janvier 2016, le projet de loi sera enterré par François Hollande, soucieux de ne pas fragiliser sa majorité ; toutefois, certaines de ses propositions seront redistribuées dans d'autres projets du gouvernement. Cinq années de casse sociale et de privation de droits plus tard, la Commission européenne présentait en décembre 2021 une proposition de directive visant à mettre fin à l'usage du statut d'indépendant ou d'autoentrepreneur des travailleurs des plateformes telles qu'Uber ou Deliveroo.

15 Selon une estimation menée par le cabinet Park Associate, Netflix n'a payé en France que 728 033 € d'impôts en 2020, pour un chiffre d'affaires estimé quant à lui à près d'un milliard d'euros. Rien d'illégal, évidemment : Netflix respecte les principes de l'Organisation de coopération et de développement économiques (OCDE). La filiale française a simplement omis de sa déclaration la commercialisation des abonnements, gérée par la maison-mère.

Romain Blondeau a travaillé pendant plus de dix ans en tant que critique et journaliste reporter pour des magazines tels que *Les Inrockuptibles, Snatch, M le magazine du Monde, Vanity Fair*. En 2017, il intègre une société de production de films indépendants, en tant que responsable du développement et producteur associé. *Netflix, l'aliénation en série* est son premier essai.

Déjà parus

Laure Murat
Qui annule quoi ?
Sur la cancel culture

Ludivine Bantigny
L'Ensauvagement du capital

Julia Cagé
Pour une télé libre.
Contre Bolloré

Thomas Piketty
Mesurer le racisme,
vaincre les discriminations

Cécile Alduy
La Langue de Zemmour

Clémentine Autain
Les Faussaires
de la République

Alain Supiot
La Justice au travail.
Quelques leçons de l'histoire

André Markowicz
Et si l'Ukraine libérait la Russie ?

Adélaïde Bon, Sandrine Roudaut, Sandrine Rousseau
Par-delà l'androcène

Hervé Kempf
Le Nucléaire
n'est pas bon pour le climat

Direction éditoriale : Antoine Böhm
Conception graphique : François-Xavier Delarue
Réalisation : Nord Compo à Villeneuve-d'Ascq
Impression : Normandie Roto s.a.s. à Lonrai
Dépôt légal : septembre 2022
N° 151320 (2203254)